바른 역사를 펴내는 데 길잡이가 되어 주신 분들

추천감수 최광식 (현 고려대학교 한국사학과 교수·국립 중앙 박물관장)
고려대학교 사학과를 졸업하고 같은 학교 대학원을 졸업했습니다. 고구려, 백제, 신라의 정치와 사상을 연구하고 있습니다. 효성여자대학교 사학과 교수, 일본 동북대학교 객원연구원, 중국 북경대학교 초빙교수, 미국 UCLA 초빙교수를 지냈으며, 한국역사민속학회 회장, 한국고대사학회 회장, 고구려연구재단 상임이사, 고려대학교 박물관장으로 활동했습니다. 현재 고려대학교 한국사학과 교수 및 국립 중앙 박물관장, 한국고대학회 회장으로 활동하고 있습니다. 주요 저서로는 《고대 한국의 국가와 제사》, 《중국의 고구려사 왜곡》, 《단재 신채호의 '천고'》, 《우리 고대사의 성문을 열다》, 《백제의 신화와 제의》, 《한국 고대의 토착신앙과 불교》 등이 있습니다.

추천감수 박남수 (현 국사편찬위원회 편사 연구관·동국대학교 사학과 겸임교수)
동국대학교 사학과를 졸업하고 같은 학교 대학원 사학과에서 한국 고대사를 전공했습니다. 한국 고대 사회경제사 및 정치사를 연구했습니다. 현재 국사편찬위원회 편사 연구관 및 동국대학교 사학과 겸임교수로 활동하고 있습니다. 주요 논문으로는 《신라 화백회의의 기능과 성격》, 《김대성의 불국사 조영과 그 경제적 기반》, 《삼국의 경제와 교역활동》, 《8~9세기 한·중·일 교역과 장보고의 경제적 기반》, 《고구려 조세제와 민호편제》, 《통일신라의 대일교역과 애장왕대 교빙결호》 등이 있으며 신서원의 《신라수공업사》를 저술했습니다.

추천감수 박대재 (현 고려대학교 한국사학과 교수·전 국사편찬위원회 편사 연구사)
고려대학교 한국사학과를 졸업하고 같은 학교 대학원 사학과를 졸업했습니다. 고조선, 부여, 삼한 등 한국 상고사를 연구하고 있습니다. 공군사관학교 역사철학과 교수요원, 미국 남가주대학교(USC) 한국학연구소 객원연구원, 국사편찬위원회 편사 연구사를 지냈으며, 현재 고려대학교 한국사학과 교수, 한국사연구회 편집이사로 활동하고 있습니다. 주요 저서로는 《의식과 전쟁-고대 국가를 바라보는 새로운 시각》, 《고대한국 초기국가의 왕과 전쟁》 등이 있습니다.

추천감수 임상선 (현 동북아역사재단 연구위원)
동국대학교 역사교육학과와 한국정신문화연구원 한국학대학원을 졸업했습니다. 발해의 역사와 문화, 동북아의 교과서와 역사분쟁을 연구했습니다. 서울시립미술관 및 서울역사박물관 전문위원에 이어 현재 동북아역사재단 연구위원으로 활동하고 있습니다. 주요 논문으로는 《발해 천도에 대한 고찰》, 《발해의 왕위계승》, 《'발해인' 이광현과 그의 도교서 검토》, 《발해의 도성체제와 그 특징》, 《중국학계의 발해·고구려 역사연구 비교》 등이 있으며 신서원의 《발해의 지배세력 연구》를 저술했습니다.

어려운 역사를 흥미로운 동화로 꾸며 주신 분들

글 우리역사연구회
중국과 일본 등 주변의 여러 나라들이 역사를 왜곡하고 있습니다. 우리가 우리의 역사를 잊어버리거나 바로 알지 못할 때 우리의 역사를 도둑맞게 됩니다. 우리 아이들에게 올바른 역사 인식과 역사관을 심어 주고, 역사 공부와 통합 논술 준비에 도움이 되는 책을 만들고자 우리역사연구회라는 이름으로 뜻을 모았습니다.
기획 및 편집 류일윤, 이인영, 김근주, 장혜미, 장도상, 하순영 **역사연구원** 이승민, 민정현, 김설아, 허보현, 최연숙 **논술연구원** 추선호, 이지선, 강지하, 김현기, 주인자, 이명숙
동화작가 류일윤, 강이든, 황의웅, 유우제, 정영선, 김유정, 조지현, 김광원, 이자혜, 조은비, 박설아, 박지선, 이승진, 김진숙, 김경선, 김명수, 한희란, 김미선, 한화주

본문 그림 이유진
동양화를 전공했습니다. 주요 작품으로는 보리출판사의 《오줌 누고 잘걸》, 한국듀이의 《뱀꼬리의 고집》, 프뢰벨의 《길로 길로 가다가》, 꼬네상스의 《토끼의 재판》, 베텔스만의 《별》, 거인출판사의 《교과서에 실려 있는 대표전래동화》 등이 있습니다. 아이들에게 재미와 웃음을 줄 수 있는 그림을 그리려고 노력하고 있습니다.

부록 그림 새롬
일러스트레이터 모임인 '환장'의 회원이며 일러스트레이터로 활동하고 있습니다. 주요 작품으로는 《상대성이론》, 《신경》, 《열》, 《태양계》 등이 있습니다. 재미있고 익살스러운 그림으로 아이들이 즐거워할 수 있도록 노력하고 있습니다.

개로왕 고구려에 도읍을 빼앗기다

1판 1쇄 인쇄 2014년 2월 **1판 1쇄 발행** 2014년 2월
기획 및 편집 류일윤, 이인영, 김근주, 민정현, 김설아, 장도상, 하순영, 허보현, 이정애
교정 교열 박사례, 장혜미, 전희선, 최부옥, 김정희, 최효원 **논술 진행** 추선호, 이지선, 강지하
아트디렉터 이순영, 김영돈 **디자인** 김재욱, 김은주, 송나경, 김명희, 박미옥, 김용호, 홍성훈, design86
펴낸이 양기남 **펴낸곳** MLS **출판등록번호** 제406-2012-000094호 **주소** 경기도 파주시 회동길 216, 파주출판도시 문정 3층
전화 031-957-3434 **팩스** 031-957-3780
ISBN 978-89-98210-88-5 ISBN 978-89-98210-31-1 (세트)

⚠ 주의 : 본 책으로 장난을 치거나 떨어뜨리면 어린이가 다칠 위험이 있습니다. 고온 다습한 장소나 직사광선이 닿는 장소에는 보관을 피해 주십시오.

《삼국사기》백제본기 '개로왕'

개로왕
고구려에 도읍을 빼앗기다

넓은 한강 위로 햇빛이 눈부시게 쏟아져 내립니다.
반짝반짝 빛나는 강 위로 큰 배들이 둥실둥실 떠갑니다.
이 배들은 백제 사람들이 만든 물건들을 싣고
한강을 따라 황해로 나가
중국의 송나라*로 향할 거예요.
이 풍경을 바라보던 비유왕은 한숨을 푹 내쉬었어요.
"참으로 평화롭구나.
 늘 이렇게 평화로울 수 있다면 얼마나 좋을까?"
그러자 경사 태자가 말했어요.
"걱정하지 마소서.
 제가 왕의 뜻을 이어 백제를 지켜 낼 테니까요.
 백제는 영원히 평화로울 것입니다!"

*송나라 위·진·남북조(220~589년) 시대의 남조 가운데 하나인 송이에요.
 당·5대 10국에 이어지는 송(960~1279년)과는 다르답니다.

참으로 평화롭구나.

당시 백제 북쪽에는 고구려가 버티고 있었어요.
고구려는 아주 강한 나라였답니다.
그런데 고구려가 427년에 평양성으로 도읍을 옮기고
점점 남쪽으로 힘을 뻗치려 하지 않겠어요?
자연히 백제와 신라는 바짝 긴장했지요.

"백제 혼자서 고구려를 이기기는 매우 어렵다.
 하지만 신라와 손을 잡는다면 훨씬 쉬워지겠지."
이렇게 생각한 비유왕은 신라에 사신을 보냈어요.
"백제와 신라가 힘을 합친다면
 고구려도 섣불리 남쪽으로 내려올 수 없을 것이오.
 그러니 두 나라가 동맹을 맺어 서로 돕는 것이 어떻겠소?"
신라의 왕은 비유왕의 이야기를 받아들였어요.
그리하여 백제와 신라는 433년에
나제 동맹을 맺었어요.

나제 동맹이란?

삼국 시대에 신라와 백제가 함께 고구려의 공격을 막기 위해 맺은 동맹이에요.
433년에 시작해 약 100여 년간 계속되었어요.

455년, 갑자기 백제 왕궁에 불이 났어요.

비유왕을 못마땅하게 여기던 사람들이 반란을 일으킨 거예요.
검은 연기가 사방을 뒤덮고 불길이 하늘 높이 치솟았지요.
왕궁 안은 순식간에 아수라장*이 되어 버렸어요.
"아아, 왕께서 위험하시다. 어서 모시고 나가야 해!"
경사 태자는 비유왕을 찾아 왕궁 안을 정신없이 헤맸어요.
그때, 칼을 든 사람들이 나타났지요.
"웬, 웬 놈들이냐?"
"경사 태자! 왕은 이미 죽었다.
 너도 죽고 싶지 않다면 순순히 왕위를 내놓아라!"

*아수라장(언덕 아阿, 닦을 수修, 비단 라羅, 마당 장場) 싸움이나 그 밖의 다른 일로 큰 혼란에 빠진 곳, 또는 그런 상태를 말해요.

뭐라고?
감히 너희가!

왕은 이미
이 세상 사람이
아니다!

바로 그때였어요!
"태자님!"
군사들이 벌 떼처럼 달려왔어요.
사람들은 군사들을 보더니 재빨리 달아났지요.
"이럴 수가! 왕께서 돌아가시다니!"
경사 태자는 그 자리에 털썩 주저앉아
땅을 치며 울었어요.

태자님! 괜찮으십니까?

도망가자!

흑
아버님.
흑
흑

뒤늦게 달려온 신하들이 경사 태자를 위로했어요.
"부디 마음을 가다듬으소서.
이제 태자님께서 백제를 이끄셔야 하옵니다."
경사 태자는 정신이 퍼뜩 들었어요.

"그렇소. 왕께서는 자나 깨나 백제를 걱정하셨습니다.
나도 백제를 위해 살 것이오."
이렇게 해서 경사 태자는
백제 제21대 왕인 개로왕이 되었답니다.

개로왕이 왕위에 오른 지 얼마 지나지 않아
고구려가 백제로 쳐들어왔어요.
개로왕은 급히 신라에 도움을 청했지요.
"백제와 신라는 친구의 나라입니다.
군사를 내어 도와주십시오."
"좋소! 함께 고구려와 싸웁시다."
신라는 곧바로 군사를 보내 백제를 도왔어요.
신라가 도와준 덕분에
백제는 무사히 고구려를 막아 낼 수 있었답니다.

하지만 개로왕은 아직 마음을 놓을 수 없었어요.
고구려가 언제 다시 백제로 쳐들어올지 몰랐으니까요.
개로왕은 북위를 눈여겨보았어요.
'북위와 손잡으면 고구려가 함부로 백제를 넘보지 못할 거야.'
472년, 개로왕은 북위의 황제에게 편지를 썼어요.
황제는 편지를 받고 감동했어요.
"멀고 외진 곳에서 찾아와 예를 갖추니 기쁘구나."
황제는 답장을 써서 소안이라는 신하에게 주었어요.
소안은 편지를 품고 백제로 떠났어요.

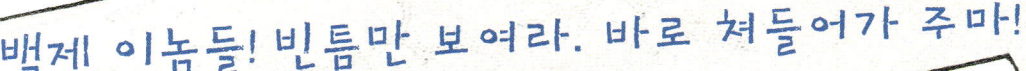

소안은 할 수 없이 바다를 건너 백제로 가려고 했어요.
그러나 이게 웬일이에요.
풍랑*이 심하게 일어 바다를 건널 수 없었어요.
결국 소안은 북위로 돌아갔답니다.
북위와 손잡으려던 개로왕의 노력은
물거품이 되어 버렸지요.

*풍랑(바람 풍風, 물결 랑浪) 바다 위에서 바람이 강하게 불어 일어나는 물결이에요.

어느 날, 백제 왕궁에 도림이라는 스님이 찾아왔어요.
"저는 젊어서부터 바둑을 배워서
이제 상대할 자가 없사옵니다.
이 재주로 왕을 기쁘게 해 드리고 싶습니다."

저와 함께 바둑의 세계로.

"머리가 복잡했는데 잘되었구나."

개로왕은 도림의 이야기를 듣고 흥미가 생겼어요.
사실 개로왕은 바둑을 몹시 좋아했거든요.
나랏일로 머리가 복잡할 때면 바둑을 두며 쉬고는 했지요.
"얼마나 바둑을 잘 두는지 궁금하구나.
어디 두어 보자."
결과는 도림의 승리였어요.
개로왕은 입이 떡 벌어져 다물지 못했어요.
"정말 대단하다.
앞으로도 계속 내 바둑 상대가 되어 주게."

"더는 곤란하옵니다."
"딱 한 수만 물러 줘."

그러자 도림은 갑자기 울먹였어요.
"사실 저는 고구려 사람인데
죄를 지어 백제로 도망을 왔습니다.
제발 저를 받아 주시옵소서."
개로왕은 껄껄 웃으며
도림을 일으켜 세웠지요.
"걱정하지 마라.
지금부터 그대는 백제 사람이다."
"고맙습니다!"

그 뒤, 도림은 틈만 나면 개로왕과 바둑을 두었어요.
두 사람은 바둑을 두며 점점 사이가 가까워졌어요.
"도림, 그대와 바둑을 둘 때가 가장 즐겁소."
"제 작은 재주를 아껴 주시니 기쁘옵니다."
개로왕은 도림과 바둑 두는 재미에 흠뻑 빠졌어요.
그러다 보니 차츰 나랏일을 대충대충 하게 되었지요.

역시 나랏일보다는 바둑이 재미있어.

하루는 도림이 바둑을 두다 말고 한숨을 푹 쉬지 뭐예요.
"제가 고구려에 있을 때
북위의 사신들과 이야기한 적이 있습니다.
그들이 말하기를 백제 성은 꼭 돼지우리 같다지 뭡니까?"
개로왕은 화가 머리끝까지 치밀었어요.
"뭣이라? 참을 수 없다.
다시는 백제를 비웃지 못하도록 큰 성을 짓겠노라."

곧바로 큰 공사가 시작되었어요.

개로왕은 성뿐만 아니라 왕궁과 누각*도 새로 지었지요.
또 한강을 따라 긴 둑을 쌓았어요.
날마다 힘든 공사가 이어졌어요.
백성들은 농사도 짓지 못한 채 공사에 매달려야 했어요.
"아이고, 이 공사 때문에 우리는 농사도 못 지어요."
"하늘도 너무해.
우리더러 무얼 먹고 살라는 건지."
백성들의 마음이 떠나자
신하들도 개로왕에게 등을 돌렸지요.
개로왕은 점점 혼자가 되어 갔어요.

*누각(다락 누樓, 문설주 각閣) 사방을 바라볼 수 있도록 문과 벽이 없이 다락처럼 높이 지은 집이에요.

나만 남겨 두고 다 떠나네.

우리더러 무얼 먹고 살라는 거야!

475년, 고구려 장수왕이 3만 대군을 이끌고 백제로 쳐들어왔어요.
개로왕은 깜짝 놀랐어요.
"도, 도림을 불러라. 어서!"
"큰일 났습니다. 도림이 보이지 않습니다!"
개로왕은 너무 놀라 꼼짝할 수 없었어요.
"아뿔싸! 도림이 고구려의 세작*이었구나.
 그것도 모르고 도림이 하는 말만 듣다가 이 지경에 이르다니……"
개로왕은 급히 문주 태자를 불러 말했어요.
"나는 지은 죄가 있어서 죽어 마땅하지만 너는 다르다.
 신라로 가서 도움을 청해라.
 부디 나 대신 백제를 지켜 다오."
문주 태자는 눈물을 흘리며 성을 빠져나갔어요.

*세작(가늘 세細, 지을 작作) 경쟁 관계에 있는 나라의 사정을 몰래 알아내는 사람, 즉 간첩을 말해요.

알았사옵니다.

문주 태자가 성을 떠나자마자 고구려군이 들이닥쳤어요.
개로왕은 고구려군을 이끄는 장수들을 보고 깜짝 놀랐어요.
"저들은 고이만년과 재증걸루 아니냐?"
고이만년과 재증걸루는 본래 백제 사람이었어요.
그러나 죄를 짓고 고구려로 달아나 그들의 앞잡이가 된 것이었지요.

고이만년과 재중걸루는 개로왕을 보고 말에서 내렸어요.
넙죽 엎드려 인사하더니 일어나
개로왕의 얼굴에 침을 세 번 뱉었어요.
"세작에게 속아 나라를 내팽개친 한심한 왕이여!
 그대의 죄를 벌하겠노라!"
고이만년과 재중걸루는 개로왕을 꽁꽁 묶어 끌고 갔어요.
그렇게 개로왕은 목숨을 잃고 말았답니다.

문주 태자가 신라군과 함께 백제에 도착했을 때는 이미 고구려군이 떠난 뒤였어요.
백제 왕궁은 무참히 짓밟혔고 많은 사람이 죽었지요.
문주 태자는 싸늘하게 식은 개로왕을 끌어안고 눈물을 흘렸어요.
"제가 왕을 대신해 백제를 다시 일으켜 세우겠습니다.
 부디 지켜봐 주소서!"
백제 제21대 왕인 개로왕은 고구려로부터 백제를 지키려고 노력했어요.
하지만 잘못된 판단으로 백성들을 힘들게 하는 실수를 저질렀지요.
결국 도림에게 속아 비참한 죽음을 맞았고요.

문주 태자는 남아 있는 신하들과 백성들을 이끌고
웅진*으로 도읍을 옮겼어요.
새로운 곳에서 새롭게 나라를 일으켜 세우기 위해서였지요.
이후 웅진은 성왕이 사비*로
도읍을 옮길 때까지
백제의 도읍이 되었답니다.

*웅진 지금의 충청남도 공주예요.
*사비 지금의 충청남도 부여예요.

스파이란 상대의 정보를 몰래 빼내서 자기편을 이롭게 하는 사람이에요.
그런데 삼국 시대에도 스파이가 있었대요.
당시에는 스파이가 아니라 '세작'이라고 불렀지만요.
삼국 시대의 세작들이 한자리에 모여 자신들의 이야기를 솔직하게 털어놓았어요.

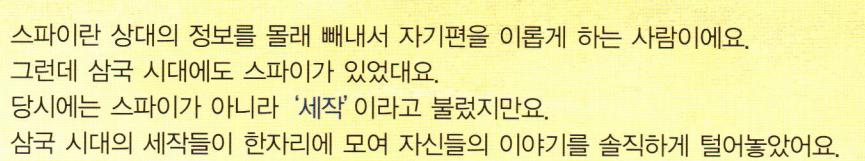

알 수 있다!

도림: 나는 고구려 장수왕이 백제에 보낸 세작이었습니다.

모척: 나는 원래 신라 사람이었지만 백제를 위해 일했어요.

선도해: 내가 이 자리에 나온 건 오해를 씻기 위해서요.

인사드려라. 선배님들이시다.

존경합니다! 꾸벅!

도림
나의 임무는 개로왕을 살살 꼬드겨 백제의 힘을 다하게 하는 것이었지요. 고구려를 위해 최선을 다했지만, 지금 돌이켜 보면 개로왕에게 좀 미안하네요. 나한테 무척 잘해 줬거든요. 흠흠!

모척
나의 임무는 신라의 관리들에게 접근해 중요한 정보를 알아내고 이 사실을 백제에 알리는 것이었어요. 나의 뛰어난 활약 덕분에 백제는 신라와의 대야성 전투에서 승리할 수 있었지요. 헤헤!

선도해
나는 고구려의 관리로 고구려에 잡혀 있던 신라의 김춘추가 신라로 도망치는 것을 도와줬소. 사람들이 내가 김춘추한테 뇌물을 받았네, 신라의 세작이었네 하며 수군거리는데, 뇌물을 받은 것은 솔직히 인정합니다. 하지만, 절대 세작은 아니었다, 이겁니다!

개로왕: 어떻게 네가 나한테 그럴 수 있느냐!

테마탐구 II 한성에서 사비까지 - 백제의 도읍 이야기

한강 유역에서 일어난 백제는 여러 번 도읍을 옮겼어요. 그래서 백제의 역사를 도읍을 옮긴 시기별로 나누어 '한성 백제', '웅진 백제', '사비 백제'로 구분하기도 한답니다.

한성 백제

한성은 백제 초기부터 제21대 개로왕 때까지 백제의 도읍지였어요.* 백제 역사의 3분의 2가 한성 시절에 이뤄졌지요.

웅진 백제

475년, 고구려 장수왕의 침입으로 한성이 함락되자 개로왕의 아들인 문주 태자는 백성들을 이끌고 웅진으로 도읍을 옮겼어요. 웅진 시절의 백제는, 초기에는 나라 안에 크고 작은 다툼이 끊이지 않았어요. 하지만 제24대 동성왕과 제25대 무령왕 때에 이르러 다시금 안정을 찾았지요.

사비 백제

무령왕의 뒤를 이은 제26대 성왕은 백제의 힘을 더욱 크게 뻗치기 위해 웅진에서 사비로 도읍을 옮겼어요. 다시 한 번 백제의 화려한 부활을 꾀한 것이죠. 사비는 660년, 백제가 멸망할 때까지 도읍지였답니다.

* 백제의 시조인 온조가 처음 나라를 세운 곳은 하남 위례성이에요. '한성 백제'라고 할 때의 한성은 하남 위례성까지 포함한 넓은 의미랍니다. (하남 위례성과 한성에 대한 자세한 설명은 백제 《온조왕》 편의 권말 부록을 참고하세요.)

호기심 탐구 — 박사님, 이런 게 궁금해요!

백제가 전쟁에서 진 것은 모두 도림 때문일까요?

개로왕이 큰 공사를 벌이며 나라의 힘을 낭비한 것은 도림의 꼬임에 빠진 탓도 있지만, 개로왕 스스로도 왕실의 힘을 내세우고 싶었기 때문이었어요.

개로왕은 도림을 왜 그렇게 믿고 아꼈을까요?

당시 바둑은 신분이 높은 사람들만 즐기던 사치스러운 오락이었는데 백제의 개로왕 역시 바둑에 흠뻑 빠져 있었대요. 워낙 바둑을 좋아하던 터라 바둑 실력이 뛰어난 도림이 매우 반가웠겠지요.

도림을 백제로 보낸 고구려의 왕은 누구인가요?

고구려 제20대 왕인 장수왕이에요. 백제 개로왕은 한강 유역을 되찾기 위해 고구려를 헐뜯는 내용의 편지를 북위에 보내 도와 달라고 했어요. 그런데 그만 고구려 장수왕이 그 사실을 알아 버렸지요. 안 그래도 백제와 신라를 치려고 생각하던 장수왕은 백제가 딴 마음을 품고 있는 것을 알자 도림을 보내 백제의 힘을 빼놓은 뒤 군사를 일으켰답니다.

바둑의 역사는 얼마나 오래됐나요?

바둑의 역사는 뚜렷하게 알려져 있지 않아요. 먼 옛날부터 있었기 때문에 누가, 언제 바둑을 만들었는지 정확히 알 수는 없대요. 바둑의 기원에 관련된 가장 오래된 이야기는 기원전 2300년, 중국 요임금이 아들 단주의 어리석음을 깨우쳐 주기 위해 만들었다는 이야기랍니다.

백제의 바둑판과 바둑돌
백제의 마지막 왕인 의자왕이 왜에 내려 준 바둑돌과 그 시대에 사용한 것으로 보이는 바둑판. 일본의 유물 창고인 쇼소인에 소장되어 있어요.

개로왕의 잘못이 크다!

- 고구려 첩자인 도림을 알아보지 못하고 그의 꾐에 빠졌다.
- 도림과 함께 바둑으로 세월을 보내며 나랏일을 소홀히 하였다.
- 대규모의 왕궁 공사를 하느라 백성들을 공사에 매달리게 하여 농사도 짓지 못하게 하였다.

왕에게 등을 돌린 백성의 잘못이 크다!

- 왕의 잘못을 지적하지 않고, 힘든 왕궁 공사를 억지로 시킨다고 쉽게 왕에게 등을 돌렸다.
- 백제와 적대 관계에 있는 고구려로 도망가서 고구려의 앞잡이가 된 백성들도 잘못했다.
- 나라가 있어야 백성도 살 수 있다. 나라가 힘들수록 백성들이 앞장서 나라를 위해야 한다.

역사와 생각

잘못된 판단으로 백성을 힘들게 한 실수를 저지른 개로왕과 나라가 힘들고 어려울 때 등을 돌린 백성 중 누구의 잘못이 더 클까요?

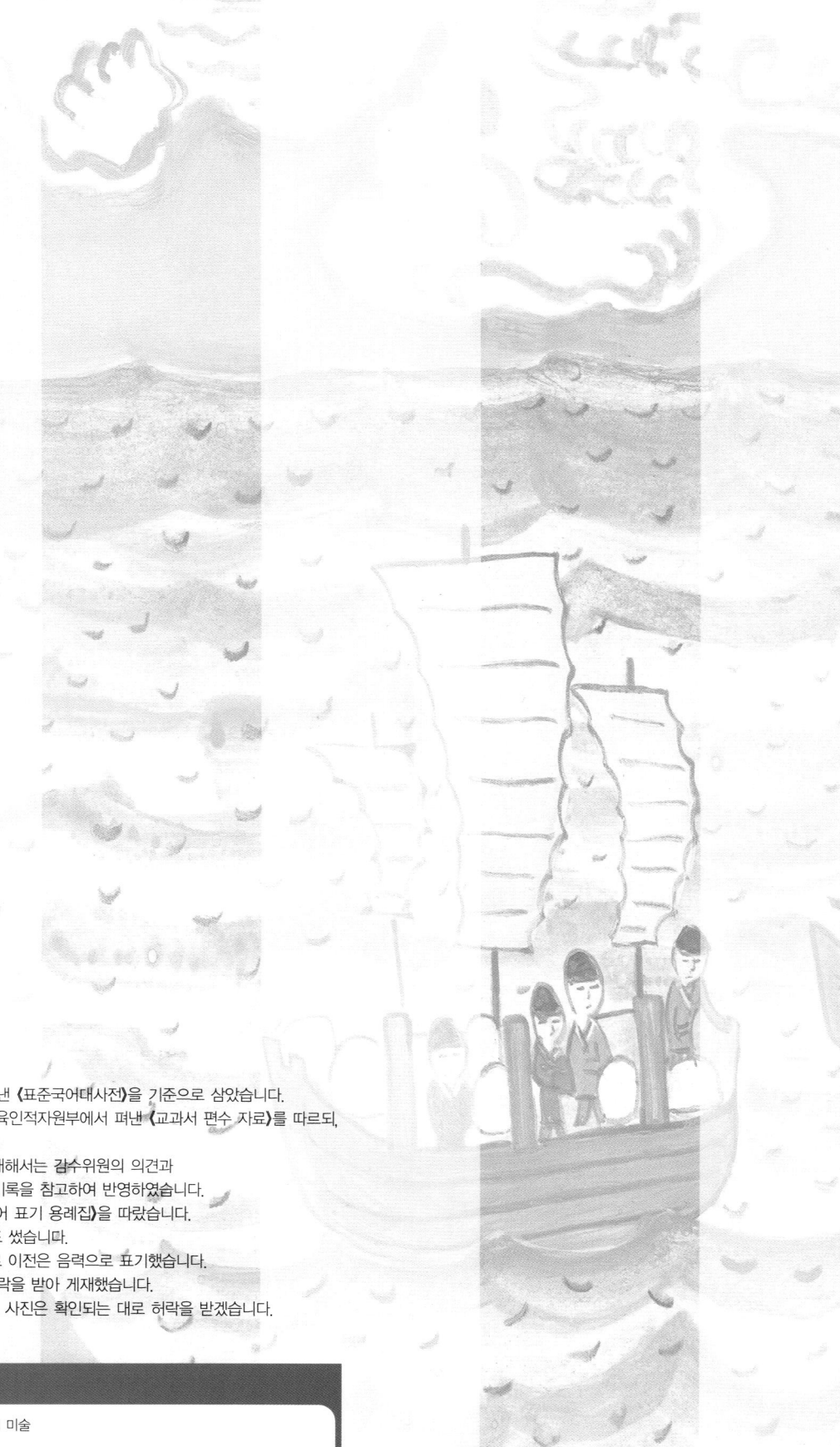

일러두기

- 맞춤법, 띄어쓰기는 국립국어원에서 펴낸 《표준국어대사전》을 기준으로 삼았습니다.
 단, 역사 용어의 표기와 띄어쓰기는 교육인적자원부에서 펴낸 《교과서 편수 자료》를 따르되,
 어려운 용어는 쉽게 풀어 썼습니다.
- 학계에서 논의가 끝나지 않은 사안에 대해서는 감수위원의 의견과
 학계에서 인정하는 사료 및 금석문의 기록을 참고하여 반영하였습니다.
- 외국 인명, 지명은 국립국어원의 《외래어 표기 용례집》을 따랐습니다.
 단, 일반적으로 사용하는 우리음 표기도 썼습니다.
- 연도는 1895년 태양력 사용을 기점으로 이전은 음력으로 표기했습니다.
- 이 책에 사용한 사진은 관련 기관의 허락을 받아 게재했습니다.
 저작권자와 초상권자를 찾지 못한 일부 사진은 확인되는 대로 허락을 받겠습니다.

사진 출처 및 제공처

34-35 **일본 쇼소인 소장 바둑판**-정창원의 미술
　　　　홍아, 감아-정창원의 미술